グラドル名鑑2023

Presented by

東京Lily

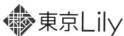

2人だけの時間
～花火の後に～

写真◎佐藤裕之

可愛さの中に色気を纏うようになって、
2021年「令和の三十路グラドル総選挙」にてグランプリを獲得。
昨年には那須川天心vs武尊（THE MATCH 2022）で
ラウンドガールを務め注目を集める。
予測不能な活躍の凛ちゃんから目が離せません。

二人だけの場所で等身大の
りんりんが微笑む、
素の君が顔を出す

君の眼差し…時間が止まる

布団の上の彼女は
あどけない少女と大人の女性を
行ったり来たりしている

2人だけの時間
～花火の後に～
高橋 凛

君が見ていてくれるだけで
ボクの鼓動が速まっていく

2人だけの時間
~花火の後に~
高橋 凛
「こっちにおいで」

古い畳に映える白い肌、
ふわふわのマシュマロバスト

加速する誘惑は止まらない枯れない終わらない

「また来たいね。一緒に」

可愛らしさと大人の魅力を兼ね備え、どの角度からも美しい佇まい。グラビアで魅せる凛とした姿と屈託のない笑顔。皆に愛される人柄と努力の人。これは推すしかない！

会長推薦！

高橋 凛（たかはしりん）

●1990年8月9日生まれ、新潟県出身
●身長160cm、B91cm・W58cm・H90cm ●血液型=A型 ●趣味=筋トレ
●特技=似顔絵
Twitter=@rin_rin_t
Instagram=@rintakahashi0809
スタイリスト ◎ 松田亜侑美
ヘアメイク ◎ ツジマユミ

柳瀬さき

iの進化論

Evolutionary theory of i.

写真◎佐藤裕之

デビュー作品がAmazonのアイドルDVDランキングにて1位を獲得。一時期活動を休止、2021年野菜ソムリエの資格を取得しInstagramに「365日 野菜ちゃん」を開設するなど、幅広く活躍中！

無敵フォルムの佇まい

やなパイに視線釘付け

「作品」の価値が
創出される
瞬間に立ち会う

*i*の進化論
Evolutionary theory of i.
柳瀬さき

光を浴びる絹肌
コントラストで
浮き彫りになる存在感

iの進化論
Evolutionary theory of i.
柳瀬さき
笑ってくれるだけでいい

シルクの保湿力を兼ねる
iの進化論
Evolutionary theory of i.
柳瀬さき

世界を席巻します。

柳瀬さき（やなせさき）
●1988年4月23日生まれ、千葉県出身
●身長153cm、B100cm・W63cm・H90cm ●血液型=A型 ●趣味=ボートレース、競輪、ロードバイク ●特技=野菜ソムリエ、料理
Twitter=@sakiyanase04
Instagram=@yanapai04
●柳瀬さきDVD 『やなパイとしたい8つのコト』（ラインコミュニケーションズ）絶賛発売中！
スタイリスト ◎ 江川美恵
ヘアメイク ◎ 花房みなみ

渾身的な姿が素晴らしい！

テンテン
推薦！

1st DVD「年間売上ランキング（DMM）」で2年連続で1位、トップセールスを記録。2021年、グラビア界に最も貢献したモデルを決定する「グラドル・オブ・ザ・イヤー2021」でグランプリ賞を受賞。藤乃あおいの極上iBODYは今年、何を魅せてくれるのか！

写真◎冨田恭透

「こっとり」とした完成形

※「こっとり」＝石川の方言
「ぽかぽか」「あたたかい」という意味

藤乃あおい
Fujino Aoi

揺れに揺れるバスト
揺るがない♡

次世代を牽引する完成形。
さらにその先へ

「こっとり」とした完成形

藤乃あおい
Fujino Aoi

ぽかぽかなのに超刺激
愛くるしい笑顔に極上BODY

「こっとり」とした完成形

藤乃あおい
Fujino Aoi

神シチュエーションに平伏

「こっとり」とした完成形

藤乃あおい
Fujino Aoi

藤乃あおい（ふじのあおい）
●1998年9月29日生まれ、石川県出身
●身長158cm、B100cm・W62cm・H85cm ●血液型=B型 ●趣味=ゲーム、車の運転（ドライブ）●特技=イラストの模写、書道（四段）、バドミントン
Twitter=@Fujino_Aoi
Instagram=@fujino_aoi
●藤乃あおいDVD『無敵センセーション』（ギルド）絶賛発売中！
●1st写真集『Aoi』（双葉社）絶賛発売中！
スタイリスト ◎ 山田友美
ヘアメイク ◎ ツジマユミ

「新世代グラドル・ボイン番付（週刊プレイボーイ）」
2022年秋場所にて、西の張出横綱に選出。
『グラビア・オブ・ザ・イヤー2022』新人賞を受賞。
1st DVD「ピュア・スマイル」で、
AmazonランキングとDMMランキングの両方で1位を
獲得するほどの人気。期待が止まらない！

新井萌花

Arai Moeka

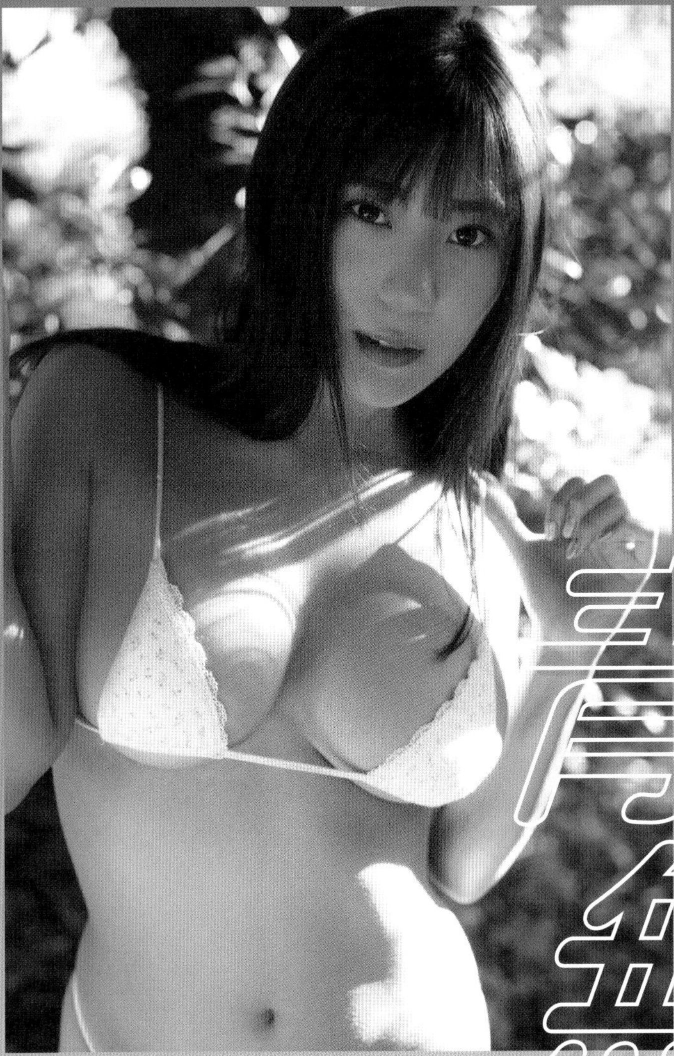

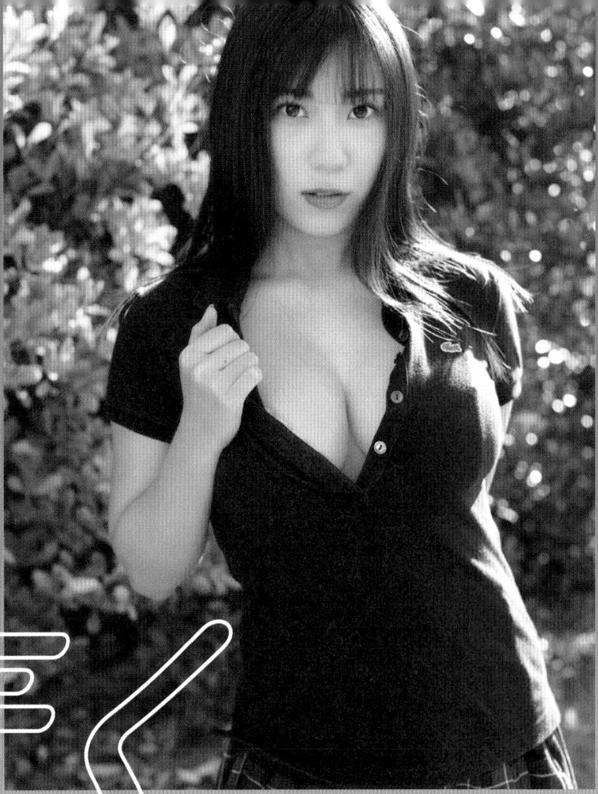

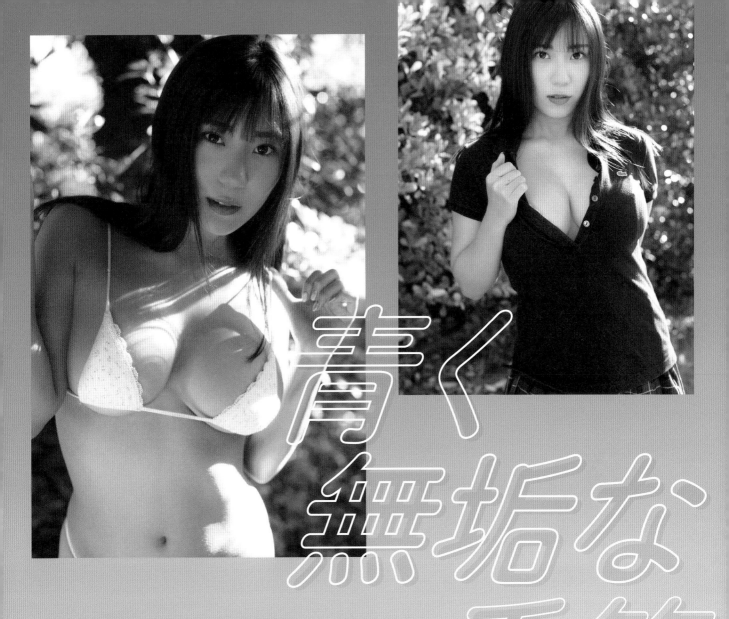

青く無垢な季節

写真◎田畑竜三郎

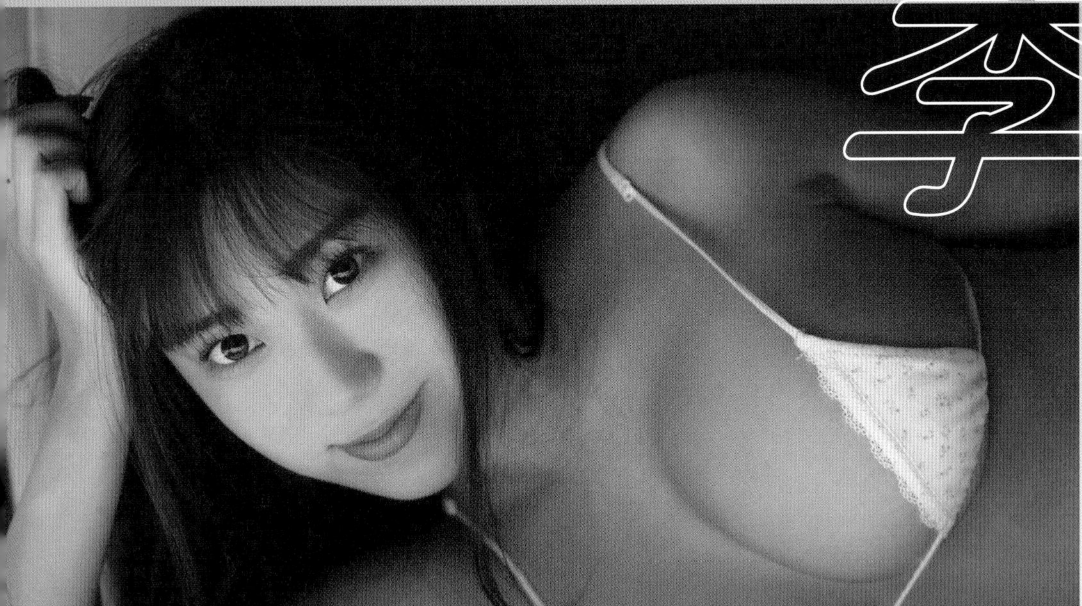

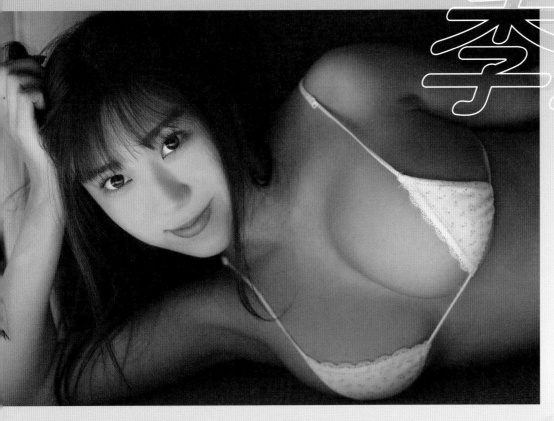

健康と同義
「萌花」

すごく近くに感じる
元気がもらえる

成長に目が眩む
陸上で鍛え抜いた
瑞々しいカラダ

人生にたった一度しか来ない季節
萌える青は儚くても強く癒してくれる

青く無垢な季節

教えられることより
刺激されることを欲する

10代のとき必要だった

一生を青春でいる
一生萌花が好き

青く無垢な季節

新井萌花
Arai Moeka

新井萌花（あらいもえか）
●2002年9月29日生まれ、埼玉県出身 ●身長158cm、B93cm・W58cm・H85cm ●血液型=A型 ●趣味=歌うこと、走ること ●特技=陸上、ランニング、HIPHOPダンス
Twitter=@a929mo
Instagram=@moeka_arai
TikTok=@moeka_arai_
●新井萌花DVD「少女の季節」（イーネット・フロンティア）絶賛発売中!
スタイリスト ◎ 原めぐみ
ヘアメイク ◎ 山田友美

174cmのスーパーグラドル降臨

岡本杷奈

Okamoto Hana

高校卒業後にスーパーの正社員となり、レジ打ち勤務の経歴を持つ。日本人離れした高身長&グラマラスボディーで注目され、２０２３年「記者・編集者が選ぶグラドルアワード２０２２」にて、ベストボディ賞を受賞しビックウェーブ間近！

写真◎田畑竜三郎

こんなレジ打ちがいたら恋しちゃう

ゴージャス＆
グラマラスボディーなのに
親しみやすさ抜群の
“綺麗なお姉さん”

美しい曲線を描く
美尻ライン垂涎の逸品

キミの「おはよう」が欲しくて…

肢体すべて、惜しみなく晒す

眼福の至り。

岡本杷奈（おかもとはな）
●1997年12月16日生まれ、福井県出身
●身長174cm、B87cm・W62cm・H94cm ●血液型=A型 ●趣味=趣味はアニメ鑑賞、マンガを読むこと 、スーパー銭湯に行くこと ●特技=料理
Twitter=@hana____1216
Instagram=@hana_____1216
●岡本杷奈DVD『ハナミズキ』（イーネット・フロンティア）絶賛発売中！
スタイリスト ◎ 松田亜侑美
ヘアメイク ◎ 矢部恵子
プロデュース ◎ 大久保貴宏

HANAは咲くことを恐れない。
HANAは朗らかで
気高く優しく何よりも美しい。
100年先も多岐に
わたって咲き誇れ。

安宅 騎央
推薦！

未梨一花

Mari Ichika

白いビーナスの研鑽
グラドル界随一の
グラマラスボディ降臨

第2回サンスポＧｏＧｏクイーンのピュア・グラマー賞を受賞。２０２３年1月イメージＤＶＤ「絶対的純潔」の発売イベントにて、グラビア活動の休止を発表し、グラマラスボディ見納めか!?絶対に見逃せない作品がここにある！

欲望を曝け出させる
黒い小悪魔に
全てを捧げたい

末梨一花（みりいちか）
●1999年2月24日生まれ、千葉県出身
●身長163cm、B100cm・W63cm・H95cm ●趣味=日本舞踊、漫画鑑賞（ジョジョの奇妙な冒険）・アニメ鑑賞、ラジオ鑑賞、韓国語の勉強 ●特技=匍匐前進（ほふくぜんしん）
Twitter=@IchikaM20st_
Instagram=@ichika__miri
●末梨一花DVD『絶対的純潔』（ギルド）絶賛発売中!

千葉県が生んだ爆乳高気圧「末梨一花」！可愛くてスタイル抜群でとっても優しい天使のような女の子です♪これからはグラビア以外の多方面な活躍にも期待大です！

モアイ推薦！

日向葵衣

Hinata Aoi

至高のGに魅了され
美しすぎる流線型に
心踊らされまくり

30000人にひとりが持つといわれるゆらぎボイスの持ち主の日向葵衣。待望のファースト写真集『clear』がワニブックスより絶賛好評発売中!

たゆまぬ努力での完璧ボディに加え、癒しの声、丁寧でノリのいい対応、澄んだ感情表現、等を持ち、演技力や歌唱力等を育み、どのジャンルからでも好きになれるグラドルです

白くま推薦!

日向葵衣(ひなたあおい)
●1993年2月10日生まれ、神奈川県出身 ●身長154cm、B90cm・W58cm・H100cm ●血液型=A型 ●趣味=ゲーム実況鑑賞、お風呂 ●特技=バトントワリング
Twitter=@@hinapo_2
Instagram=@aoi_hnta
YouTube= 日向葵衣 hinata aoi
●日向葵衣DVD『Melth Love』(ギルド)は絶賛発売中!

高槻実穂

Takatsuki Miho

２０２２年には芸能プロダクションを設立。２０２２年４代目ミスプレミアグランプリ＆審査員特別賞受賞、第３回サンスポＧｏＧｏクイーンオーディション準グランプリ受賞。舞台役者、モデル、ＭＣ、グラビアアイドル、コスプレイヤーとしてマルチに活躍中！

キュート全開で
色気もたっぷり
セクシー姉さん♪

高槻実穂（たかつきみほ）
●1991年2月14日生まれ、埼玉県出身 ●身長161cm、B85cm・W60cm・H85cm
●血液型=AB型 ●趣味=人間観察、アイドル観賞、タピオカ巡り、占い ●特技=字と絵が両手で書ける、タロット占い
Twitter=@AMar1n
Instagram=@takatuki7
YouTube= みほりんわーるど
●高槻実穂DVD『みほりんの夏休み』（ギルド）絶賛発売中!

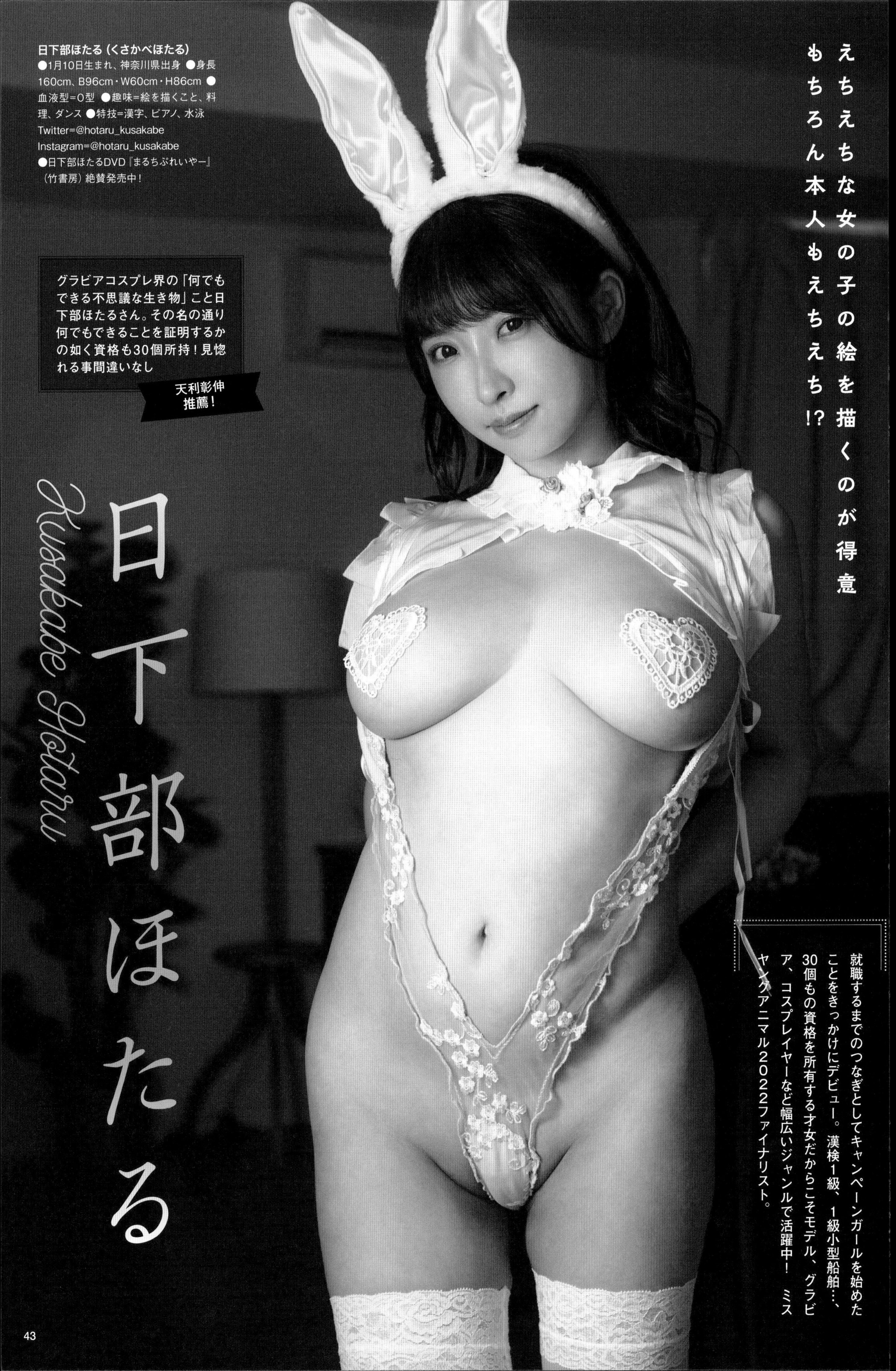

えちえちな女の子の絵を描くのが得意 もちろん本人もえちえち!?

日下部ほたる

Kusakabe Hotaru

日下部ほたる（くさかべほたる）
●1月10日生まれ、神奈川県出身 ●身長160cm、B96cm・W60cm・H86cm ●血液型=O型 ●趣味=絵を描くこと、料理、ダンス ●特技=漢字、ピアノ、水泳
Twitter=@hotaru_kusakabe
Instagram=@hotaru_kusakabe
●日下部ほたるDVD『まるちぷれいやー』（竹書房）絶賛発売中！

グラビアコスプレ界の「何でもできる不思議な生き物」こと日下部ほたるさん。その名の通り何でもできることを証明するかの如く資格も30個所持！見惚れる事間違いなし

天利彰伸推薦！

就職するまでのつなぎとしてキャンペーンガールを始めたことをきっかけにデビュー。漢検1級、1級小型船舶…、30個もの資格を所有する才女だからこそモデル、グラビア、コスプレイヤーなど幅広いジャンルで活躍中！ ミスヤングアニマル2022ファイナリスト。

船岡咲

Funaoka Saki

週プレのちっぱい番付で２度も横綱に輝いた経歴があるスレンダーグラドルの代表格。舞台でヒロインを演じる正統派美人がグラビアでは大胆な衣装の姿を披露するのも魅力的。

ヒロシ推薦！

いっぱいの魅力はちっぱいこそ！
美尻と美脚も味わい深し

中学時代ファッション誌のモデルを務め、卒業後はドラマや舞台で女優として活動、２０１２年日テレジェニックに選ばれ、２０２１年「グラドルちっぱい番付」において東の横綱に選出されるスレンダーボディ界の星！

船岡咲（ふなおかさき）
●1993年3月2日生まれ、神奈川県出身 ●身長158cm、B76cm・W58cm・H82cm ●血液型=O型 ●特技=ダンス、一輪車、バトン、ジャグリング、へんなかお
Twitter=@saki_nyahon
Instagram=@funaoka_saki
YouTube= 船岡咲のさきっちょんねる
●船岡咲DVD『僕と咲ちゃんのいけない授業』（イーネット・フロンティア）絶賛発売中！

万理華

Marika

大人の色気とズバ抜けた表現力、万理華のグラビアは人類の必修科目!! 配信等でみせる、にぎやかし系の一面はグラビアとのギャップが激しいので、選択科目!!

沼底のまりまにあ推薦!

富山産白えびボディ
旬のイイ女だからこそ
色気跳ねまくり

出身地富山の特産にちなんだ〝白えびボディ〟がキャッチフレーズ。「とやまふるさと大使」も務めている。２０２１年、富山湾しろえび倶楽部サポートリーダーに就任。ミスヤングアニマル２０２２ファイナリスト。

万理華（まりか）
●1992年9月28日生まれ、富山県出身
●身長161cm、B90cm・W62cm・H89cm ●血液型=B型 ●趣味=タピオカ巡り ●特技=高速まばたき、タイピング
Twitter=@MaR_ika9
Instagram=@MaR_ika9
●万理華DVD『白く柔く』（スパイスビジュアル）絶賛発売中!

鈴木優愛

昨年3月にグラビアデビューすると童顔小悪魔的な表情や柔軟な体を生かしたポージングで撮影会ではいつも大行列です。本職の女優の演技力と表情で魅せるDVDは必見です！

アキバ推薦！

鈴木優愛（すずきゆうあ）
●2003年5月4日生まれ、茨城県出身 ●身長153cm、B90cm・W55cm・H85cm ●血液型=B型 ●趣味=舞台観劇、舞台のフライヤーを集めることウォーキング、古着屋巡り ●特技=ジャズダンス、水泳、アクション、殺陣。
Twitter=@yuua_suzuki
Instagram=@s_yuua0504
●鈴木優愛DVD『おそろいフレーバー』（ギルド）絶賛発売中！

舞台等で培った表現力
カワイイ顔もセクシーな表情も♡

10代より舞台を中心に役者として活動開始。ミスFLASH2023ファイナリスト、週刊プレイボーイ2023年新年号において、ブレイクグラドルとして紹介され今年の活躍が期待されるグラドルのひとり！

無邪気な笑顔。控えめに言っても『最高』です

稲岡志織

Inaoka Shiori

３代目サンスポＧｏＧｏクイーングランプリ。初代バンザイレーシングイメージガールグランプリ。２０２０年12月以降本格的に舞台女優として活動開始するとともに、グラビアアイドルとしても活動中！

稲岡志織（いなおかしおり）
●1998年7月29日生まれ、兵庫県出身 ●身長163cm、B85cm・W58cm・H90cm ●血液型=A型 ●趣味=商店街を歩くこと、映画鑑賞、1人ディズニー ●特技=ピアノ、マンドリン、ヴァイオリン
Twitter=@shiori_inaoka
Instagram=@inaoka_shiori_
●稲岡志織DVD『まだ何もしらない』（竹書房）、絶賛発売中!

キュートな丸顔にメロメロ。サンスポGoGoクイーングランプリ受賞!! 舞台俳優としての顔もあり、グラドル・俳優の両方で頂点を目指す彼女に釘付け！益々応援します!!

わんた推薦！

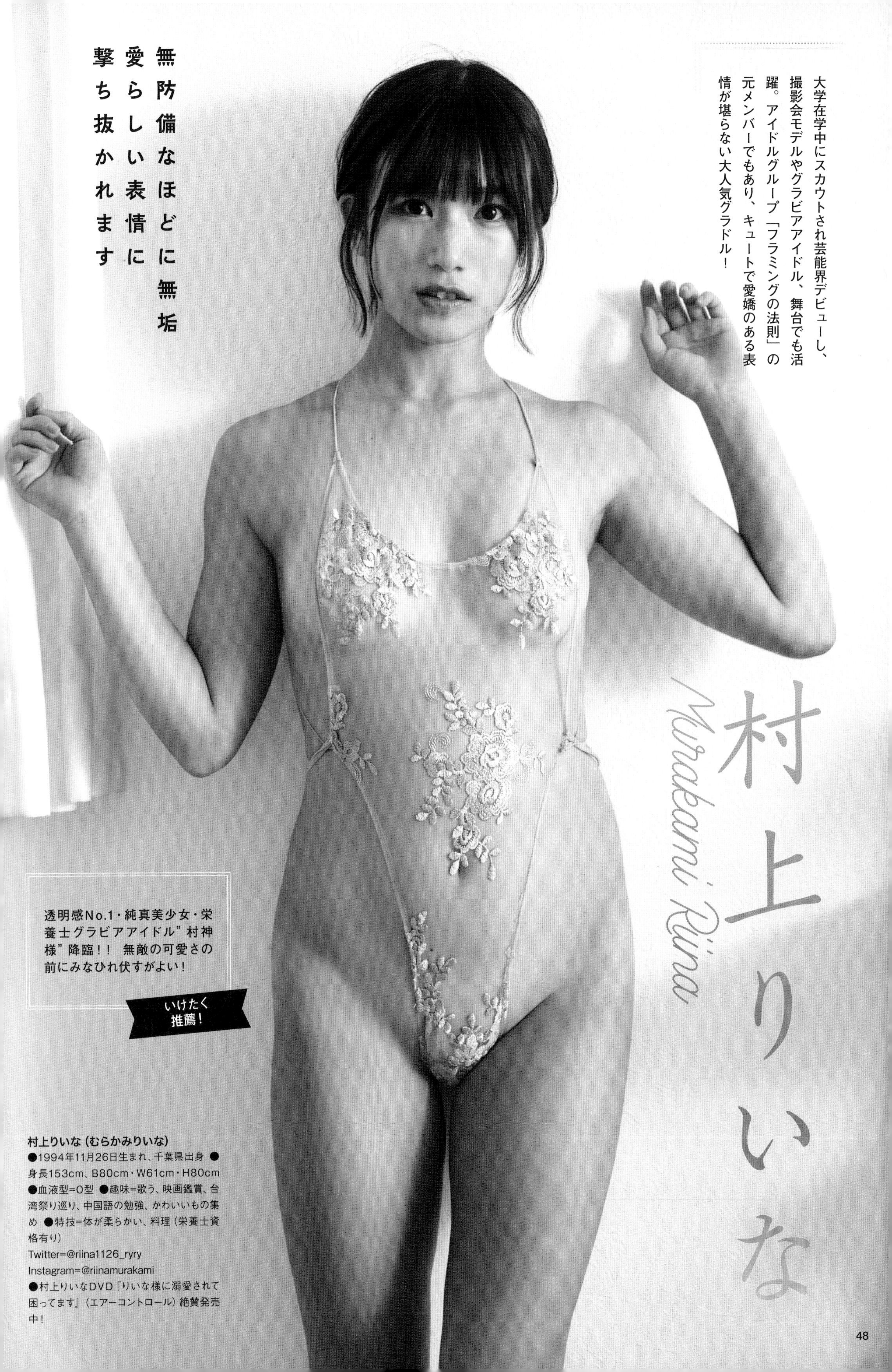

村上りいな

Murakami Riina

大学在学中にスカウトされ芸能界デビューし、撮影会モデルやグラビアアイドル、舞台でも活躍。アイドルグループ「フラミングの法則」の元メンバーでもあり、キュートで愛嬌のある表情が堪らない大人気グラドル！

無防備なほどに無垢
愛らしい表情に
撃ち抜かれます

透明感No.1・純真美少女・栄養士グラビアアイドル”村神様”降臨！！ 無敵の可愛さの前にみなひれ伏すがよい！

いけたく推薦！

村上りいな（むらかみりいな）
●1994年11月26日生まれ、千葉県出身 ●身長153cm、B80cm・W61cm・H80cm ●血液型=O型 ●趣味=歌う、映画鑑賞、台湾祭り巡り、中国語の勉強、かわいいもの集め ●特技=体が柔らかい、料理（栄養士資格有り）
Twitter=@riina1126_ryry
Instagram=@riinamurakami
●村上りいなDVD『りいな様に溺愛されて困ってます』（エアーコントロール）絶賛発売中！

恋がはじまる予感
無邪気な微笑みに
鼓動が止まらない

肥川彩愛

Hikawa Ayame

NMB48の元メンバーで、卒業後2017年からソロでのタレント活動を本格化。ミスヤングチャンピオン2019グランプリを受賞し、さらに磨きのかかった彩愛ちゃんの曲線美からはもう目が離せない!!

肥川彩愛（ひかわあやめ）
●1994年11月8日生まれ、兵庫県出身
●身長165cm、B85cm・W56cm・H86cm ●趣味=ネイルアート、ダーツ
●特技=ダンス・バレー・フラフープ・トランペット
Twitter=@aym_aym113
Instagram=@ayame_1108
●肥川彩愛DVD『Iris』（竹書房）絶賛発売中!

凛咲子

2023年のグラドル模範解答がコチラ 全身唯一無二のビジュアル

芸能活動をしていた姉の影響で2020年デビューし、第3回サンスポGOGO クイーングランプリを受賞。「夢プロレス」にて1位を獲得。ドラマやバラエティ番組などでも活躍の場を広げている！

凛咲子（りさこ）

●1998年10月6日生まれ、福岡県出身 ●身長162cm、B88cm・W55cm・H85cm ●血液型=O型 ●趣味=映画、ドラマ鑑賞 ●特技=バスケットボール

Twitter=@ris2_channel

Instagram=@ri__mopi_7

YouTube= 凛咲子のりーちゃんねる

●凛咲子DVD『優気凛凛』（S-DIGITAL）絶賛発売中！

物憂げなのに癒される 魅力ダダ漏れもはや天性

倉沢しえり

ドラマや映画に出演するなど女優やタレントとして活躍し、舞台「スリッパ・ウェスタン」では、初のヒロイン役で出演。２０２２年「ＴＨＩＲＤＢＩＫＥＳ」のブランドアンバサダーに就任し、多方面に活躍の場を広げている！ グラビアもお願いします!!

倉沢しえり（くらさわしえり）
●1999年12月24日生まれ、東京都出身 ●身長162cm、B82cm・W57cm・H86cm ●血液型=O型 ●趣味=スポーツ観戦、日記を書く、音楽鑑賞 ●特技=声がよく通る、テーピング
Twitter=@kurasawa_shieri
Instagram=@shieri.kurasawa.official
TikTok=@shieri._.93
●倉沢しえりDVD『恋かも』（ギルド）絶賛発売中!!

豊穣Hカップバストで包み込まれるのはキミだ！

桝田なほ

Masuda Naho

事務所のオーディションを受けグラビアデビュー。デビュー前に半年間で15キロのダイエットに成功しながらも、Hカップの爆乳むちむちボディをそのまま！　次世代爆乳クイーンと名高いグラビア界のニューフェイス。

桝田なほ（ますだなほ）
●1999年7月4日生まれ、奈良県出身 ●身長158cm、B95cm・W65cm・H87cm ●血液型=O型 ●趣味=ピアノ、ギター ●特技=韓国語
Twitter=@masu_naho
Instagram=@m.m.esp
●桝田なほDVD『いやしの天使 』（竹書房）絶賛発売中！

ゲームもお酒も大好き♡ 大きくてまん丸な瞳と胸で覚えてね

虎遥すみれ

Koharu Sumire

事務所の社長にスカウトされ芸能界デビュー。Gカップのスタイル抜群美女でありながら、陰キャのゲーマーにしてお酒好きだと公言するコントラストと、クールビューティーな魅力を備えた型破りな新人グラドルに期待！

虎遥すみれ（こはるすみれ）
●2000年9月29日生まれ、岐阜県出身 ●身長150cm、B85cm・W57cm・H82cm ●血液型=A型 ●趣味=温泉旅行 ●特技=料理
Twitter=@koharusumire
●虎遥すみれ DVD『とらトラTORA』（ギルド）絶賛発売中！

ナイスなボディに目を奪われがちですが、すみれちゃんのクリっとした眼も凄い魅力的で大好きです(//∇//)見つめられてるような錯覚に陥りいつもドキドキしてます♫

大輔推薦！

夏佳しお

Natsuka Shio

ハニカム笑顔と
100cmのHなカップ♡
推させてください！

大人しそうな雰囲気とHカップボディのギャップがインパクト大の逸材。豊満すぎるマシュマロボディが魅力のHカップ新人グラドル。ゲームのヒロインのような彼女は3度の飯よりゲームが好き！

1月に1st DVDをリリース、さらに今回は「グラドル名鑑2023」の掲載と、次々に念願の実現を果たす2023年のなっちゃんの活躍から目を離したらダメですよ♫

いつき守
推薦！

夏佳しお（なつかしお）
●1999年7月24日生まれ、千葉出身 ●身長155cm、B100cm・W65cm・H98cm ●血液型=B型 ●趣味=音楽を聴くこと ●特技=人の声で身長をあてる
Twitter=@natsuka_shio
Instagram=@natsuka_shio
●夏佳しお1stDVD『同級生は隠れ巨乳の地味子ちゃん』（竹書房）絶賛発売中!

究極の美体から
溢れ出る甘い蜜♡

麻倉ひな子

Asakura Hinako

ミスiD2017にて選考委員個人賞（大郷網賞）を受賞し、mysta催ミスジェニック2019ファイナリスト選出する実力派。麻雀や人狼のイベントにも多数出演し活躍の幅を広げている！

麻倉ひな子（あさくらひなこ）
●1992年2月12日生まれ、青森県出身
●身長158cm、B88cm・W58cm・H88cm ●血液型=O型 ●趣味=麻雀、人狼、料理 ●特技=ネイルアート
Twitter=@RiotBunny_
●麻倉ひな子2thDVD『ひな恋』（ギルド）絶賛発売中！

峰尾こずえ

Mineo Kozue

2年ぶりのグラビア界 セクシーが止まらない

関西方面を拠点にグラビア活動を行っているこずりん。『ミスSPA！2022』でグランプリを受賞した逸材のこれからの活躍も期待です！

峰尾こずえ（みねおこずえ）
●6月9日生まれ、長野県出身 ●身長154cm、B88cm・W61cm・H84cm ●血液型=AB型 ●趣味=アニメ鑑賞、イラストを描く、歌うこと ●特技=イラスト、一輪車、ピアノ
Twitter=@kozurin69
Instagram=@kozurin69
YouTube= 峰尾こずえ
●峰尾こずえDVD『私の大好きなお兄ちゃん』（竹書房）絶賛発売中！

大塚杏奈

Otsuka Anna

２０１５年に上京しフリーランスの女優として舞台やイベントに多数出演。ダンス講師として１００人以上を教えた経験もある。ミスＦＬＡＳＨ第16代目グランプリを受賞している実力派。軟らかな体を駆使したポージングは必見です！

ダンスで鍛えたしなやかさと
天然ふわふわマシュマロの両立ボディ

大塚杏奈（おおつかあんな）
●1993年10月18日生まれ、愛知県出身●身長156cm、B84cm・W62cm・H85cm●血液型=A型●趣味=アニメ鑑賞、アプリゲーム、紅茶、パンダグッズ集め●特技=バレエ、JAZZダンス、Hip Hop、TAPダンス、殺陣
Twitter=@panna_1018_
Instagram=@panna_otsuka_
●大塚杏奈DVD「ぱんちゃんとあそぼ」（スパイスビジュアル）絶賛発売中！

能美真奈

Nomi Mana

おやゆびプリンセスのメンバーとしてデビュー。２０１８年初のイメージＤＶＤをリリース。以後グラビアアイドルとしても活動。２０２０年「雨宿りしたい次世代下乳番付」で西の前頭筆頭に選出。２０２１年「変形水着が日本一似合うグラドル総選挙」第２位。

圧巻むっちむちボディはセールスポイント だから惜しげ無く魅せます♡

能美真奈（のうみまな）
●1996年6月24日生まれ、石川県出身 ●身長160cm、B100cm・W68cm・H96cm
●血液型=A型
Twitter=@punitan0624
Instagram=@punitan0624
YouTube= ぷにたん/能美真奈
●能美真奈DVD『むちむち課外授業』（イーネット・フロンティア）絶賛発売中!

無自覚小悪魔は中毒性あり

葉月愛梨

Hazuki Airi

2021年グラビアアイドルとしての活動をスタート。遅咲きデビューも、愛らしくて柔らかい表情と声、出会った男たちをみんなメロメロにさせる無自覚小悪魔はグラドルファンを釘付け中。そんな葉月愛梨最新作にご期待あれ！

葉月愛梨（はづきあいり）
●1994年5月7日生まれ、神奈川県出身 ●身長157cm、B89cm・W57cm・H89cm ●血液型=AB型 ●趣味=三味線、読書、自然、神社、温泉めぐり ●特技=タロット占い
Twitter=@ai_pono57
Instagram=@ai_pono57
●葉月愛梨DVD『ボクの子猫ちゃん』（エアーコントロール）絶賛発売中！

露出し続けるからこそ
光を放ち続ける

沢地優佳

Sawachi Yuka

高校生時代に広告モデルをきっかけに芸能界デビュー。一度芸能界を引退した後、２０１４年に熟女グラビアアイドルとして華麗なる復帰。２０２１年、『週刊ｓｐａ！』「グラビアン魂」みうらじゅん大賞受賞し、グラビア界のリビングレジェンドとして確立！

沢地優佳（さわちゆうか）
●1975年4月8日生まれ、千葉県出身 ●身長167cm、B108cm・W59cm・H90cm ●血液型=A型 ●趣味=料理、最近熟女なんで、少しカラダと向き合ってます。 ●特技=妄想
Twitter=@yuukasawachi
Instagram=@yuukasawachi0408
●沢地優佳DVD『婚外恋愛白書part3』（ギルド）絶賛発売中！

143センチながら圧巻Jカップ「逮捕未満露出」で魅せます

雨宮留菜

Amemiya Runa

露出狂（!?）コスプレイヤーとして趣味でブログを続けていたところ、スカウトの目に止まりグラビアアイドルとしてデビューへ。コスプレイヤー、プロレスラー、モデル、MCなどマルチに活躍中！

雨宮留菜（あめみやるな）
●1993年7月14日生まれ、大阪府出身 ●身長143cm、B97cm・W60cm・H85cm ●血液型=AB型 ●趣味=コスプレ、動物とふれあい、麻雀、パチスロ、逮捕未満露出 ●特技=胸筋動く、ピアノ、ビリヤード、プロレス、ゲテモノでもなんでも食べられる
Twitter=@amemiyaluna
YouTube= るなしゅんちゃんねる
●雨宮留菜DVD『今夜行動～今夜どう？～』（ギルド）絶賛発売中！

清瀬汐希

Kiyose Yuki

パーツすべて超絶ハイスペック フィールド無限のマルチプレイヤー

「丑年生まれの12人が競艶　2021年に輝くグラドル総選挙」でグランプリを獲得。アイドルグループ「sherbet」、「Can-I-on!」の元メンバーで2022年に卒業後ソロタレントとして活動。女優活動が本格化し舞台や映画で初主演を務め幅広く活躍中！

清瀬汐希（きよせゆうき）
●1997年2月25日生まれ、神奈川県出身
●身長170cm、B92cm・W63cm・H88cm
●血液型=O型 ●趣味=映画鑑賞、食べること ●特技=K-POP完コピダンス（TWICE、少女時代etc.）、コナンクイズ、チアリーディング、バレエ
Twitter=@yuki_kiyose
Instagram=@yuki_kiyose_
TikTok=@yuki_kiyose_
YouTube= きよちゃんねる
●清瀬汐希DVD「欲望のままに」（スパイスビジュアル）絶賛発売中！

木更かのん

Kisara Kanon

**147cmの妹系グラドル
でもお尻のボリューム感◎
メリハリボディをほこる
ミニマムグラマー**

学校帰りにスカウトされ2021年グラビアアイドルとしてデビュー。アイドルグループ「Baguabelle」のメンバーでらいとぴんく担当。『グラビア・オブ・ザ・イヤー2022』にて、ネクスト・ブレイク賞を受賞しまさにビクトリーロード邁進中！

木更かのん（きさらかのん）
●2002年1月16日生まれ、埼玉県出身●身長147cm、B83cm・W56cm・H81cm●血液型=O型●趣味=アニメ、ゆるキャラ集め●特技=料理。
Twitter=@kisara_non
Instagram=@kanontan_335
●木更かのんDVD『のんたんと秘密の遊び』（スパイスビジュアル）絶賛発売中！

令和最高の美尻グラドルが魅せる
バリエ最多の悩殺ショット

涼咲巴七

Suzusaki Hana

遅咲きのデビューも、目鼻立ちがくっきりとした大人っぽいルックスは実に色っぽく、しかも、保育士資格や幼稚園教諭二種免許、介護福祉士などの資格をもつ才色兼備。久しぶりに登場したお姉さん系グラドルフロントライン！

涼咲巴七（すずさきはな）
●1995年8月28日生まれ、福島県出身 ●身長163cm、B85cm・W60cm・H98cm
●血液型=O型 ●趣味=旅行、化粧品集め
●特技=ピアノ、水泳、保育士資格、幼稚園教諭、介護福祉士の資格保有
Twitter=@suzusaki_hana
Instagram=@suzusaki_hana
●涼咲巴七 1stDVD『新人Debut!』（竹書房）絶賛発売中！

咲村良子

Sakimura Ryoko

刺激的な衣装を当然に着こなす最強フォルム

高校時代にグラビアデビューを飾り、Ｉカップバストの豊満ボディーで一躍注目を集める。アイドルグループＣＬＩＰＣＬＩＰのメンバーとしても活躍中で、ＣＬＩＰＣＬＩＰでは振り付けや作詞も担当。舞台や映画にも多数出演する。

咲村良子（さきむらりょうこ）
●1995年10月20日生まれ、大阪府出身
●身長165cm、B90cm・W58cm・H88cm ●血液型=A型 ●趣味=映画鑑賞、ブログ、雑貨屋巡り ●特技=Y字バランス、ブリッジ、水泳、スキー、お菓子作り
Twitter=@ri_yonn1020
Instagram=@ri_yonn1020
●咲村良子DVD『咲句』（イーネット・フロンティア）絶賛発売中！

琴井ありさ

Kotoi Arisa

ぽってり明太子リップに恋しちゃう

現事務所の社長にスカウトされ芸能界デビュー。絶妙なチラリズムの「チラリスト」として注目を集める。〝明太子リップ〟と称される唇がチャームポイント。広告、女優、グラビアと幅広く活躍。週刊プレイボーイにて2020年活躍が期待されるグラドルに選出！

琴井ありさ（こといありさ）

●1994年1月1日生まれ、東京都出身 ●身長157cm、B86cm・W60cm・H84cm ●血液型=A型 ●趣味=映画鑑賞、お笑い鑑賞、ピアス集め、ショッピング、カラオケ ●特技=バスケットボール、書道。

Twitter=@arisa_kotoi

Instagram=@arisa_kotoi

YouTube= 琴井ありさチャンネル

●琴井ありさDVD『ありさに魅せられて』（スパイスビジュアル）絶賛発売中！

紅羽祐美

Kureha Yumi

紅羽祐美（くれはゆみ）

●1992年9月29日生まれ、山形県出身
●身長163cm、B86cm・W56cm・H80cm ●血液型=O型 ●趣味=ジム、スポーツ ●特技=体が柔らかいこと
Twitter=@kure_yumi
Instagram=@kure_yumi
●紅羽祐美DVD『Mの覚醒』（ギルド）絶賛発売中!

日本一色白なグラドルのキャッチフレーズで人気を集めるクール美女。M字ネキ（姉貴）のニックネームで呼ばれるクールビューティー&包容力を見せてくれるの姉さんキャラで、第4回ミス週刊実話WJガール特別賞も受賞し勢いあり！

クールな眼差しと
極上スレンダーボディ
おねいさんが好きです

小野わかな

Ono Wakana

もともと演劇に興味があり舞台経験も。ネイルの専門学校に通いながらグラビア活動をスタートし、独特の柔らかさや温かみを感じる関西弁が印象的な新人グラビアアイドル。ドラマにも初出演する小野わかなちゃん、目が追わずにはいられない！

ようこそ♡ Iと愛の世界へ
迫力のIカップバストに痺れます

小野わかな（おのわかな）
●2000年4月8日生まれ、関西出身 ●身長164cm、B90cm・W58cm・H88cm ●血液型=B型 ●趣味=ピアノ、ラーメン屋巡り ●特技=カラオケ
Twitter=@ono_wakana
TikTok=@wakana_ono
●小野わかな1stDVD『君の吐息が届く距離』（イーネット・フロンティア）絶賛発売中!

水野遥香

Mizuno Haruka

「あんまり見ないで…」
戸惑いと恥じらいが奇跡を生む

知人の紹介をきっかけに芸能界デビュー。少女と大人の女性のはざま、可愛らしさと大人っぽい雰囲気を併せ持つ4カ国のクォーター。DVD作品で超ハイレグレオタードなど過激衣装に身を包む19歳グラドル水野遥香の挑戦は必見です！

水野遥香（みずのはるか）
●2003年7月26日生まれ、フィリピン出身●身長160cm、B80cm・W62cm・H86cm ●血液型=O型●趣味=映画・ドラマ・アニメ鑑賞●特技=ネイルアート。
Twitter=@pxxaiv
Instagram=@pxxaiv
TikTok=@pxxaiv
●水野遥香DVD『ピュア・スマイル』（竹書房）絶賛発売中！

一宮あい

Ichimiya Ai

一宮あい (いちみやあい)
●2004年5月22日生まれ、京都府出身 ●身長159cm、B82cm・W60cm・H88cm●血液型=B型 ●趣味=読書、スノーボード、水泳、映画、ドラマ鑑賞、カラオケ ●特技=ウィンク、立ちブリッジからの起き上がり
Twitter=@ai0522ichimiya
Instagram=@ichimiya_ai
●一宮あい1st.DVD『おともだち～2人め～』(S-DIGITAL) 絶賛発売中!

子どものころからグラドル大好きで、事務所に直談判してグラビア活動を開始!「FLASH2023」選考オーディションの記者会見で、特技の立ちブリッジを披露して話題となったアクティビストのこれからの活動に目が離せない。

曇なんてなんてことないさ
いつもキラキラ太陽娘♪

植山ゆき

Ueyama Yuki

白い肌が火照りレッドベリルに染まる
湯船に咲くジュエリー

知的でミステリアスな彼女の正体は、ジュエリーブランド3経営女社長でありながらラウンドガールや『金スマ』で赤服を務めるなどマルチタスクを実践。YouTubeで温泉動画が300万再生を越え、注目を集めているグラビアモデル。

植山ゆき（うえやまゆき）
●9月2日生まれ、兵庫県出身 ●身長167cm、B95cm・W60cm・H85cm ●血液型=O型 ●趣味=キックボクシング、マンガ、アニメ ●特技=キックボクシング
Twitter=@yukiueyama912
Instagram=@yukiueyama0912
YouTube=植山ゆきチャンネル
●植山ゆき1st.ＤＶＤ『女社長の誘惑』（竹書房）絶賛発売中!

新しい扉が開く 大石恵理の〝はじまり〟を見逃せない！

大石恵理（おおいしえり）
●1997年2月7日生まれ、静岡県出身 ●身長153cm、B86m・W60cm・H88cm ●趣味=歌、ダンス ●特技=歌、ダンス
Twitter=@eriofficial_acc
Instagram=@erigram_acc
●大石恵理1st.ＤＶＤ『現役ヘアメイクがグラビアデビューしちゃった』（イーネット・フロンティア）絶賛発売中！

テレビが好きで自分も出たいという思いがあったものの勇気がでずヘアメイクの世界へ。現場で声をかけられ自分もやりたい気持ちが強まり、現役ヘアメイクとしても働きながらも、ついにグラビアデビュー新しい一歩を踏み出す！

爽香

Sayaka

たわわなグラマラスボディは Gカップの G（読売ジャイアンツ）党

就職活動の一環として芸能事務所を受けたことがきっかけでグラビアの世界へ。読売ジャイアンツのファンであることから「GカップのG党」と称される。「長身グラドル番付 2021年春場所」西の横綱に選出。「雨宿りしたい次世代グラドル下乳番付2020年」東の大関！

爽香（さやか）
●1994年11月25日生まれ、東京都出身
●身長173cm、B93cm・W65cm・H96cm ●血液型=A型 ●趣味=野球観戦(グラドル界の野球博士目指してます。)
●特技=野球モノマネ、バスケ
Twitter=@1125syk
Instagram=@1125syk
●爽香DVD『雨色の情事』（スパイスビジュアル）絶賛発売中！

堀江りほ

Horie Riho

まるいオシリ推し！
いやいや箱（堀江りほちゃんのすべて）推しです！

元々銀行員や会社員として働きながら芸能活動をしていたが、ミス週刊実話２０２０でグランプリを獲得し会社員を辞めてグラビアアイドルへ華麗に転身。アイドルグループ「ｓｈｅｒｂｅｔＮＥＯ」の元メンバーで、今後の期待は折り紙付！

堀江りほ（ほりえりほ）
●1994年10月11日生まれ、千葉県出身 ●身長158cm、B91cm・W64cm・H93cm ●血液型=AB型 ●趣味=パチンコ、スロット、サーフィン ●特技=水泳、SUP
Twitter=@official_riho
Instagram=@riho_horie
TikTok=@riho_horie
YouTube=堀江のりほチャン
●堀江りほ1stDVD『むっちりほ 』（竹書房）絶賛発売中！

乙陽葵

Otsu Himari

茶目っ気たっぷりベビーちゃん
〝乙パイ〟に癒されたい♡

現所属事務所のオーディションに合格し2022年芸能界デビュー。〝乙パイ〟の愛称を持つ。身長152センチと小柄ながら、抜群のプロポーションとベビーフェイスを武器に、今一番注目の新人グラビアアイドル！

乙陽葵（おつひまり）
●2002年8月24日生まれ、香川県出身
●身長152cm、B90cm・W52cm・H85cm ●血液型=A型 ●趣味=映画鑑賞 ●特技=マッサージ
Twitter=@otsu_himari
Instagram=@otsu_himari
●乙陽葵1st写真集『なんがでっきょん』(ワニブックス)絶賛発売中！
●乙陽葵1stDVD『ミルキー・グラマー』（竹書房）絶賛発売中！

進化する黄金比

桜井木穂

Sakurai Kiho

写真◎佐藤裕之

常に進化を続ける 桜井木穂のすべて

股下86cmのモデル体系×超爆乳

無敵BODYのその先へ

進化する黄金比

桜井木穂

引き寄せられるチカラ、恋？

美しい御御足をなぞるように
アンバランスな恋をしたい

進化する黄金比
桜井木穂

消え入りそうな透明度を誇る肌
クールに打ち込まれる眼差しの対比

進化する黄金比
桜井木穂

その美しいうねり、刹那に緊張で震える

桜井木穂 (さくらいきほ)
●1998年5月31日生まれ、北海道出身 ●身長163cm、B102cm・W58cm・H88cm ●血液型=O型 ●趣味=ボディーメイク、ウォーキング ●特技=アルトサックス(全国大会優勝)、クラシックバレエ
Twitter=@kiho_sakurai
Instagram=@sakuraikiho
YouTube= きほちゃんねる
●6thDVD『恋の魔法は猫じゃらし』(ギルド)、ファースト写真集『うたかたの』絶賛発売中
スタイリスト ◎ 松田亜侑美
ヘアメイク ◎ ツジマユミ
プロデュース ◎ 小澤勇太

儚い夢の時間

写真◎冨田恭透

妄想が画になる
隣人のトレーニング姿
こんなにも心を熱くさせるのか

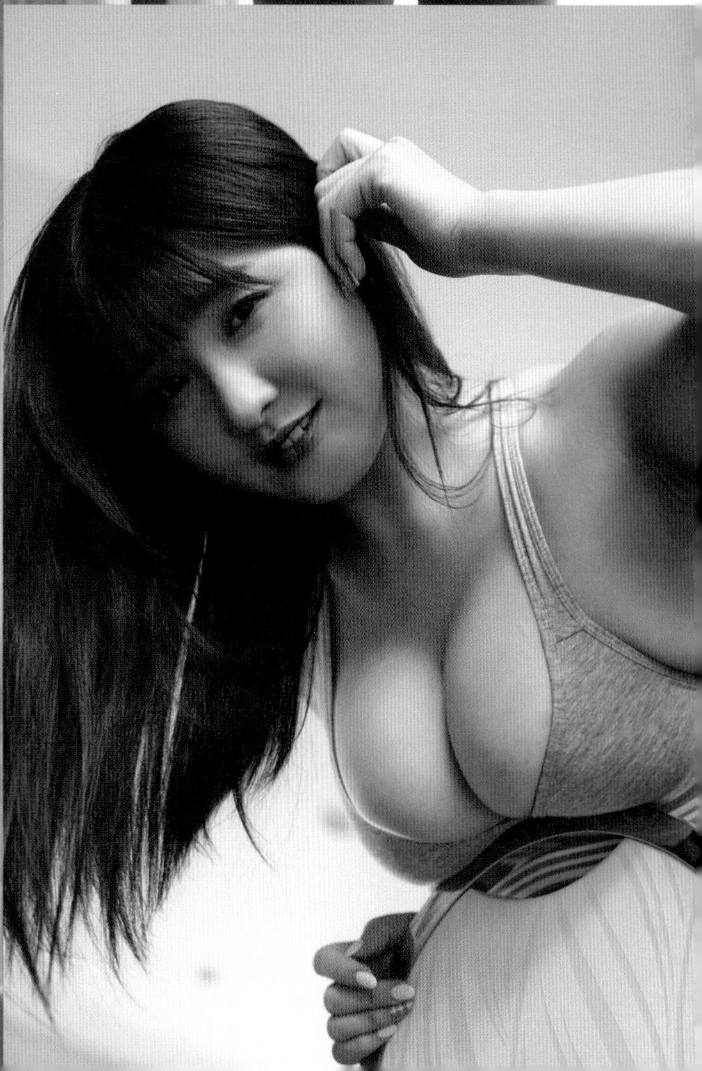

一緒にどうですか？

水着に収まり切らない
マシュマロバスト♡

大迫力のむっちりヒップも
画角に収まり切らない!?

STIMULATING PLAN
刺激的な計画

原つむぎ HARA TSUMUGI

癒しの笑顔から一転
誘惑スキル

STIMULATING PLAN

刺激的な計画

原つむぎ HARA TSUMUGI

美しく眩しい肢体が闇に浮かび上がる

原つむぎ（はらつむぎ）
●1998年1月6日生まれ、兵庫県出身 ●身長170cm、B101cm・W64cm・H100cm ●血液型=B型 ●趣味=サウナ、ダイビング、野球観戦
Twitter=@haratsumugi
Instagram=@haratsumugi
●フォトブック『原つむぎは酔うと床で寝るらしい』（サイゾー刊）発売中！
●待望の1st写真集『つむと一緒』（竹書房）絶賛発売中！
スタイリスト ◎ 山田友美
ヘアメイク ◎ ツジマユミ

高身長で100cm超えのHカップバストとぷりぷりヒップは圧巻！ 優しい笑顔とはんなり関西弁も魅力の癒し系No.1グラドル☆ 原つむぎちゃんを全力応援！らびゅ♡

たけちゃん推薦！

夏旅一日

池田ゆうな

Summer trip with Yuna

アイドルグループ「BOCCHI。」の元メンバーで、ミスヤングチャンピオン2021年グランプリ！　同賞では、誌面・公式サイト・SHOWROOM・マシェバラ・審査員投票の5部門で1位を獲得するなどマスに訴える圧巻の存在感。一瞬たりとも目が離せない！

写真◎田畑竜三郎

キュートな笑顔×Gカップバスト
=夏だ！旅に行こう!!

全国民待望の夏の過ごし方が決まった

日差しに負けない極上の時間を過ごす

夏旅一日

池田ゆうな

Summer trip with Yuna

暑いから外に出掛けられない？
キミがいる限りどこにいても
熱は冷めない

キミの笑顔が
見れるなら
なんでもできる

極上の夏には
極上のカラダが必要

夏旅一日

Summer trip with Yuna

池田ゆうな

…愛してる

池田ゆうな（いけだゆうな）
●1995年11月15日生まれ、神奈川県出身●身長153cm、B92cm・W64cm・H86cm●血液型=O型●趣味=アニメ鑑賞、海外ドラマ、ゲーム、アイドル鑑賞●特技=ピアノ、ファゴット、柔軟体操、身体が柔らかい
Twitter=@yuuna_ikeda
Instagram=@ikedayuuna__
●池田ゆうなDVD『ゆうなと君のなつやすみ』（イーネット・フロンティア）絶賛発売中！
スタイリスト ◎ 松田亜侑美
ヘアメイク ◎ 矢部恵子

身長153cmと小柄ながらも、艶っぽい顔立ちと魅惑のGカップで我々を魅了してやまない池田ゆうなちゃん♡ むっちりとしたお尻もまた魅力のひとつ♡ とても素敵な子♪

すろた820推薦！

濃密ノワール

夏来唯

Natsuki Yui

2017年OLからグラビアアイドルに転身。2018年「日本一OL姿が似合うグラビアアイドル総選挙」でグランプリを皮切りに数々の賞を受賞し、その実績を常に上回る存在で『今』が最高ボディ！　そんな彼女の『今』を知る2023年、クラウドファンディングによる自己プロデュース写真集制作に乗り遅れるな！

写真◎田畑竜三郎

白と黒のコントラスト
どちらのシーンにも映える
カラダがある

濃密ノワール

夏来唯
Natsuki Yui

濃密ノワール
Natsuki Yui
夏来唯

すべてが晒される濃密な瞬間

柔らかい光を纏い
この一枚に女神が創出される

濃密ノワール

夏来唯
Natsuki Yui

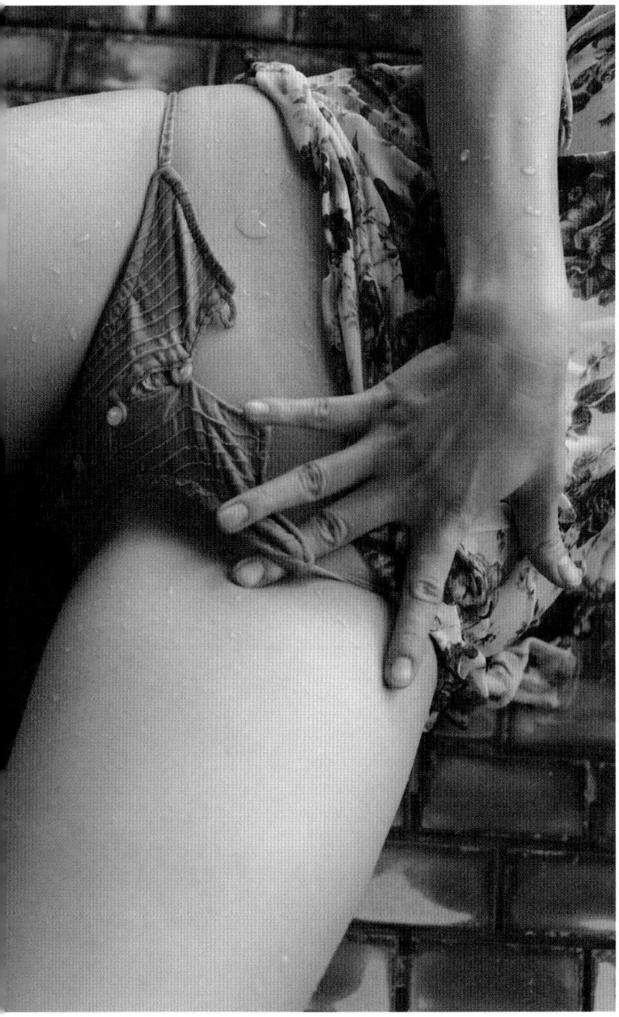

大人を漂わせる
麗しい美貌と縦横無尽に
跳ね収まらない爆乳

眼差しで刺され
浴衣がはだけたび
悶えるほどに
愛おしさが膨らむ

重ね合うほどに密に

ウラド推薦！

濃密ノワール

夏来唯

Natsuki Yui

トリプルエクセレントの宝石と呼ばれる恵体グラドル・夏来唯さん！ 3年連続掲載！ 夏来唯さんがさらに美しくなっていく。「美」の進化が止まらない。まさに「美の象徴」だ！

最上級の存在感。

夏来唯（なつきゆい）
●1994年1月16日生まれ、埼玉県出身
●身長163cm、B95cm・W65cm・H93cm ●血液型=O型 ●趣味=ゴルフ
●特技=バスケット、書道
Twitter=@kiyui_natsu
Instagram=@yyy_nnn07
●夏来唯DVD『Hなご奉仕～彼女の仕事はレアケース～』（ラインコミュニケーションズ）絶賛発売中!
スタイリスト ◎ 江川美恵
ヘアメイク ◎ 山田友美

太陽いっぱい

弾ける笑顔に胸いっぱい

2014年に週刊プレイボーイにてスクール水着衣装の鮮烈グラビアデビュー果たして以来、幼さの残るロリフェイスで"最強アンバランス"との異名を持ち、数々の雑誌でグラビアを飾る活躍を見せながら、今年で10周年を迎えた！

天本じゅん

Amaki Jun

写真◎佐藤裕之

寒さで震えない
ワクワクで震える
7
8
10

太陽いっぱい
天木じゅん

幼さの残る横顔、
時にドキっとするほど
大人っぽい魅力を醸す

フェイスとボディの“最強アンバランス”
でも、心には真っ直ぐな芯がある

水面に胸を出す
白く張りのある
神秘さに心が震える

太陽いっぱい
天木じゅん

答えが知りたくなる
何処を見つめる瞳

偶像ではない体温を感じさせてくれた

太陽いっぱい

天木じゅん

少女の様な可愛さと、大人の艶やかな魅力を併せ持つ彼女はまさに最強！ 留まらない向上心で突っ走り、その活力で老若男女の皆を元気にしてくれる彼女はまさに太陽！

じゅんペー推薦！

微笑みにいざなわれる
この瞬間を永遠に
変えてしまいたい

天木じゅん（あまきじゅん）
●1995年10月16日生まれ、兵庫県出身
●身長149cm、B95cm・W59cm・H93cm ●血液型=A型 ●趣味=サウナ、ゴルフ、麻雀、ポーカー ●特技=ダンス、料理、SNSのフォロワー増やし
Twitter=@jun_amaki
Instagram=@jun.amaki
TikTok=@jun.amaki
●天木じゅんDVD『ぷるぷる天使』（スパイスビジュアル）絶賛発売中！
スタイリスト ◎ 原めぐみ
ヘアメイク ◎ 花房みなみ

グラドル名鑑2023

グラドル応援者リスト

支えられてこそ輝く存在がある。
ファンとして、サポーターとして、真っ直ぐな視線で推しのグラドルを応援し続ける者たちここに！

※順不同

稲岡志織♥応援者
ぼんごれ
稲岡志織 bot
ほそみち
わんた
わんた

雨宮留菜♥応援者
迷人 (めいじん)

岡本杷奈♥応援者
大橋正興
源さん
いのちゃん
なかちー
安宅騎央

夏来唯♥応援者
りょーた
爆乳好きなニシナさん
香川のあっくん
祁答院正道
ウラド

原つむぎ♥応援者
まこと
マサ
むっちゃん、
edama
ムーラシア
たけちゃん

高橋凛♥応援者
けんす〜
だいちゃん
ハンサムドッグ
会長

夏佳しお♥応援者
いつき守

高槻実穂♥応援者
高原 正樹
うえのこ
ようこたん
ヒロシ
洋

桜井木穂♥応援者
壷井 加寿誠
つぼちゃん
AJ
藤村俊憲

船岡咲♥応援者
さきどん
和宏
ヒロシ

倉沢しえり♥応援者
ベル METAL
まーくん

村上りいな♥応援者
りょうちゃん
いけたく

大塚杏奈♥応援者
スヌゾロ
萬蔵

沢地優佳♥応援者
高野亨（パックン）
KITAMOMO

池田ゆうな♥応援者
JOP
ひしまろ
すろた 820

虎遙すみれ♥応援者
大輔

天木じゅん♥応援者
ギンギン騎士
じゅんぺー

藤乃あおい♥応援者
よしつね
ひろくん

日下部ほたる♥応援者
氷上ろろ
H.FUKUYAMA
のりちゃん
仕置人死神
天利彰伸

日向葵衣♥応援者
ぶじゅ
ののぎゅ
白くま

能美真奈♥応援者
加寿誠

肥川彩愛♥応援者
でっち
しづ

峰尾こずえ♥応援者
冬巻

麻倉ひな子♥応援者
髙橋誠順

桝田なほ♥応援者
Mr.Tomo
ライ

木更かのん♥応援者
おちゃさん

万理華♥応援者
REONA
コシキ
沼底のまりまにあ

未梨一花♥応援者
すぐる
りょうや
たけうち
ユウタ☆白髪
大都会鶴川 @ 佐藤直生
レンキ
ムーラシア
モアイ

柳瀬さき♥応援者
ふぁ〜む民 hal
ぽん酢さいだ〜？
nishida
10-ten
あおむし
テンテン

葉月愛梨♥応援者
矢野 3

涼咲巴七♥応援者
巴七ちゃんの恋人 46

鈴木優愛♥応援者
ベル METAL
HANA
アキバ

凛咲子♥応援者
24PON
大納言
シンキ
HAL62